AF226657

'ENFANT

DE L'EUROPE

PAR L'AUTEUR DES *CAPÉTIENS*

Voici le grand bienfait que la Providence la plus favorable a daigné accorder à la tendresse paternelle de votre Majesté. Cet enfant de douleurs, de souvenirs et de regrets est aussi l'Enfant de l'Europe, et il est le présage et le garant de la paix et du repos qui doivent suivre tant d'agitations.

(Allocution du nonce du Pape, adressée à Louis XVIII, à l'occasion de la naissance du duc de Bordeaux).

Prix : 25 centimes

5 ex., 6 fr. — 50 ex., 11 fr. — 100 ex., 20 fr.

PARIS

ÉDITEUR, 5, RUE DES SAINTS-PÈRES

CHEZ TOUS LES LIBRAIRES DE FRANCE

L'ENFANT

DE L'EUROPE

PARIS

FÉCHOZ, ÉDITEUR, 5, RUE DES SAINTS-PÈRES

ET CHEZ TOUS LES LIBRAIRES DE FRANCE

1873

L'ENFANT DE L'EUROPE

Voici le grand bienfait que la Providence la plus favorable a daigné accorder à la tendresse paternelle de Votre Majesté. Cet enfant de douleurs, de souvenirs et de regrets, est aussi l'Enfant de l'Europe, il est le présage et le garant de la paix et du repos qui doivent suivre tant d'agitations,

(*Allocution du nonce du Pape, adressée à Louis XVIII, à l'occasion de la naissance du duc de Bordeaux*).

I

La France, depuis quatre-vingts ans, donne au monde un triste spectacle : elle fait monter sur l'échafaud le plus vertueux de ses rois, et elle envoie mourir dans l'exil tous les autres rois légitimes ou révolutionnaires qu'elle se donne ; elle détruit elle-même sa morale, sa religion ; elle renie son antique gloire, insulte aux souvenirs de ses générations passées, rejette dédaigneusement tout ce qui a fait, tout ce qui a maintenu si longtemps sa grandeur dans le monde ; elle engage contre les autres nations des guerres impolitiques qui ensanglantent le monde ; elle perd ses villes frontières, telles que Philippeville, Mariembourg, Metz, Sarrelouis, Sarrebruck, Landau ; elle se voit dépouillée des territoires qui formaient ses limites, tels que l'Alsace, une partie de la Lorraine, le duché de Bouillon ; elle perd ses colonies, telles que Malte, Port-Mahon, l'Ile de France ; elle voit sa puissance coloniale diminuer au profit de l'Angleterre ; elle laisse se former sur ses flancs deux grandes puissances : l'Italie et l'empire d'Allemagne, qui l'étreignent et qui la menacent ; du premier rang qu'elle occupait en Europe, par le nombre de ses habitants, elle descend au troisième, grâce aux agglomérations qu'elle favorise elle-même par sa politique anti-nationale ; elle s'efforce enfin de détruire, dans le cœur des Français, ces tendances, ces goûts monarchiques qui, pendant des siècles, ont été un besoin et qui ont contribué si puissamment aux développements de toutes ses institutions politiques, et cela pour se jeter définitivement dans des gouvernements révolutionnaires, qui n'enfantent pour elle que des crimes, des insurrections et des ruines.

*
* *

Ces faits, que les révolutionnaires ne peuvent nier, même devant les plus simples, même devant ceux qu'ils trompent chaque jour, dans leurs feuilles quotidiennes, noires de mensonges et de calomnies, nous les devons à l'abandon intempestif de notre antique loi salique, qui commence avec Clovis, et reste en vigueur parmi nous jusqu'à Louis XVI.

*
* *

Depuis la fatale époque de 1793, la France s'est trouvée lancée au milieu des tourbillons politiques, comme un navire sans gouvernail au milieu des flots incessamment agités. Des chefs différents, des hommes même de génie se sont vainement efforcés de la diriger tour à tour, au milieu des partis et de leurs luttes acharnées. Dans sa marche toujours incertaine, obéissant à mille impulsions contradictoires, elle s'est choquée contre toutes les nations européennes, qui marchent droit à leur but, grâce à cette grande loi constitutive que la France dédaigne. Les nations européennes n'ont fait que grandir et se fortifier, mais la France se brise, et les nations ennemies s'enrichissent périodiquement de ses lambeaux.

II

Le comte de Paris, héritier des droits de la Maison d'Orléans, vient de rendre hommage, à la face du monde, à cette loi salique, à cet usage quatorze fois séculaire, à cette puissance de la tradition qui, de siècle en siècle, unit si fortement les générations d'un même pays ; il vient de reconnaître, de proclamer en pleine lumière, la triste réalité d'une décadence qui frappe aujourd'hui tous les esprits réfléchis et ne permet plus aux passions politiques de faire illusion à personne. Le petit-fils de Louis-Philippe a mis sa main dans la main du petit-fils de Charles X, et l'a salué comme le chef de la Maison de France, comme l'unique héritier de nos rois nationaux. Les derniers descendants d'Henri IV ont jeté comme le voile de l'oubli sur les funestes divisions qui firent les malheurs de leur famille et de la France. Aujourd'hui, il n'y a plus en France qu'une famille royale, et il n'y a plus qu'un droit national que l'on doive invoquer : celui qui vient de la loi salique.

*
* *

La noble et sage conduite de Monseigneur le comte de Paris a obtenu l'approbation de toute la France. Les partisans respectifs des deux branches ne peuvent que s'inspirer de l'exemple que leur donne la famille royale. Aujourd'hui, leurs intérêts politiques et leurs intérêts sociaux se confondent, comme ils se confondent avec ceux de la France entière. Aujourd'hui, toutes les situations sociales sont réciproquement solidaires. C'est une vérité dont tous les dissidents doivent se pénétrer. Ils ne peuvent plus rester dans un état d'hostilité qui leur est funeste, vu qu'ils ne sont divisés, comme la famille royale, que par les souvenirs d'une rivalité qui n'a plus de motifs. Il n'y a plus qu'un parti en France qui s'attache sérieusement à exciter les haines de citoyen à citoyen, de classe à classe : c'est le parti révolutionnaire. Mais il ne s'agit que de l'isoler et de le tenir à l'écart, afin de le réduire à néant. La fusion entre les dissidents monarchiques, couronnée par une seconde restauration bourbonienne, peut faire rentrer la France, peut-être pour des siècles, dans une nouvelle voie de prospérité et de grandeur.

* *
*

Mais tout le monde, nous le savons, ne partage pas ces espérances. Les habitants des campagnes s'effraient généralement du retour d'un Bourbon au trône de France. Ils se croient menacés dans leurs droits politiques, dans leur liberté personnelle, et jusque dans leur honneur. Les révolutionnaires, par leurs déclamations furibondes, n'entretiennent que trop ces préjugés insensés. Ils répandent comme à son de trompe qu'Henri V va rétablir la dîme et les droits seigneuriaux, qu'il va forcer les populations d'aller à la messe à coups de fouet, et les populations françaises, qui passent pour les plus spirituelles du monde, acceptent ces niaiseries avec une inconcevable naïveté. Ajoutons que les ennemis de la restauration nous menacent des colères de la Prusse et de l'Italie conjurées si nous ne conservons pas cette précieuse République, si nous ne restons pas dans ce système révolutionnaire qui a si puissamment favorisé le développement de ces nationalités ennemies. N'oublions pas surtout de faire observer que les révolutionnaires en veulent toujours au Pape, et prétendent qu'Henri V, une fois roi de France, va se précipiter immédiatement contre le roi d'Italie et lancer le pays dans une guerre contre toute l'Europe.

III

Certainement, Monseigneur le comte de Chambord n'a jamais manifesté devant nos propriétaires ni devant personne, le désir de rétablir les dîmes et les usages féodaux qui régnaient en France il y a deux cents et trois cents ans ; il n'a jamais avancé qu'il voulût envahir l'Italie en faveur du Pape. Personne, à moins d'imposture, ne pourrait citer un propos de sa part qui annonçât des résolutions si singulières à l'égard des siècles passés, et une politique si brusque, si irréfléchie à l'égard de l'Europe.

*
* *

Mais, disent ces pauvres gens, dont les dé-
clamateurs irritent les haines ou excitent les
craintes, Henri V est de la famille des Bourbons,
et sous les Bourbons, ces coutumes avaient
lieu ; certainement, il fera comme faisaient les
anciens rois.

Telles sont les objections ordinaires du peuple des villes et des campagnes contre la pos-
sibilité de l'avénement d'Henri V au trône de
ses pères. Il devient alors facile de répondre et
d'éclairer la religion des gens de bonne foi que
l'on égare et qui ne demandent certainement
qu'à connaître la vérité, pour se rallier à des
idées plus saines et plus justes. Il suffit, évidem-
ment, de leur exposer dans tout l'éclat de la
vérité ce que faisait pour la France cette
royale famille, au nom de laquelle on dénature
d'avance les actes et le caractère d'Henri V ; il
faut leur démontrer quelle a été la politique intérieure comme la politique extérieure de la

France, sous le régime des Bourbons, depuis cent ans. Quand ils auront vu, par les faits mêmes, qui sont des preuves irrécusables, ce qu'ont fait et ce qu'ont voulu faire ces Bourbons que l'on noircit, ce qu'a fait Charles X, grand-père du Roi, Louis XVIII et Louis XVI, ses grands-oncles, alors quels motifs restera-t-il aux honnêtes gens pour craindre qu'Henri V, par son origine, puisse être un mauvais roi ? Que si l'on met ensuite en parallèle la politique de ces bons princes avec celle des Napoléons et des républicains, qui ont fait tous les malheurs de la France, pourront-ils un instant balancer entre une nouvelle Restauration et la poursuite des utopies révolutionnaires ?

IV

Parlons d'abord du règne de Louis XVI, ce roi que les révolutionnaires firent monter sur l'échafaud.

* *
* *

Louis XVI était né bienfaisant. Aussitôt qu'il fut roi, il révèle les nobles penchants de son cœur dans une foule de réformes et d'institutions, qui n'eussent été que les présages d'un règne magnifique, sans les malheurs que lui préparait l'esprit d'opposition, inhérent à toutes les situations de la vie et de la politique humaine. Il dispense d'abord les Français du droit de joyeux avénement, dont la valeur s'élève à 24 millions ; il affranchit, dans ses domaines, les serfs qu'on y trouve encore, et les derniers vestiges de l'esclavage disparaissent ; il fonde le Mont-de-Piété par lettres patentes ; il supprime le droit d'aubaine, acquis à la couronne depuis un temps immémorial, et par lequel l'État héritait toujours des biens d'un étranger mourant sans enfant dans un pays où il n'était pas naturalisé ; il défend désormais d'appliquer la *question* corporelle dans les procédures criminelles ; il encourage les sociétés d'agriculture, et par les travaux qu'il fait exécuter lui-même, il rend à l'exploitation 1,500 arpents de terre ; il introduit des réformes dans les hôpitaux, et constitue des assemblées provinciales pour la répartition de l'impôt, prélude de l'égalité des terres ; en une année de disette, il fait acheter au compte de l'État pour quarante millions de grains, qu'on devait revendre au peuple à un prix extrêmement moindre que le prix courant ; plus tard, quand les émeutiers du 10 août viennent l'attaquer dans les Tuileries, il ne veut pas qu'une goutte de sang soit versé en son nom ; il défend de tirer sur des assassins indignes de la moindre indulgence, et l'infortuné monarque disait parfaitement la vérité lorsque, quelque temps après, il s'écriait devant les féroces assesseurs de la Convention : « Mon cœur est déchiré surtout que les malheurs du 10 août me soient attribués. Les gages multipliés que j'avais donnés dans tous les temps de mon amour pour le peuple doivent à jamais éloigner de moi de pareilles imputations. »

* *
* *

D'ailleurs, pendant plus de quinze ans, le gouvernement de Louis XVI fit les plus louables efforts pour hâter le développement de toutes les ressources territoriales, industrielles et commerciales de la France. Les contrôleurs et les intendants, c'est-à-dire les ministres et les préfets de l'époque, la tête remplie de projets de tous genres, faisaient succéder amélioration à amélioration. Construction de routes et de canaux, établissement de manufactures, fondation de sociétés d'agriculture, réorganisation de la marine et des armées de terre, rien n'était négligé de la part d'un gouvernement le plus national qui fût jamais, grâce à l'impulsion d'un roi doué de toutes les qualités du cœur. Sous cette puissante impulsion, le commerce, l'industrie, l'agriculture prirent un essor qu'ils n'avaient jamais connu. Louis XVI avait trouvé à 500 millions de francs le chiffre du commerce extérieur ; en moins de quinze ans, il l'avait élevé à un milliard. Les produits de l'industrie, les marchandises de tout genre circulaient plus facilement dans l'intérieur du royaume. Tous ces humbles cultivateurs libres des bourgs, des villages, des hameaux ajoutaient aux modetes ressources de leur patrimoine, qui un petit commerce, qui une petite industrie, qui un petit métier.

« Les divers genres d'industrie, en se développant dit un administrateur du temps, avaient
» agrandi la matière de toutes les taxes de con-
» sommation. »

*
* *

Le prix des fermages, à partir de Louis XVI, ne cesse de s'élever : en 1786, il donne 14 millions de plus qu'en 1780. Les vexations qui accompagnaient jadis la levée des impôts diminuaient de jour en jour. Louis XVI recommandait particulièrement de grands ménagements à l'égard des contribuables. La charité publique était pour lui l'objet d'une attention particulière. Dans la seule année de 1784, il fit distribuer 80,000 francs dans la seule province de Haute-Guyenne, 48,000 francs dans celle de Normandie, 40,000 francs dans celle de Tours ; et comme sous le dernier règne, cette administration, dépouillée de tout contrôle, se montrait très partiale, Louis XVI s'en chargeait lui-même, donnant la plus entière satisfaction aux nobles aspirations de son cœur, jugeant très bien qu'il ne pouvait confier à personne, mieux qu'à lui-même, le soin de soulager directement et sans délai les misères de son royaume.

*
* *

Plus tard, les difficultés politiques dans lesquelles se trouva la France nécessitèrent la réunion de l'assemblée dite Assemblée constituante, qui donna une constitution à la France. Louis XVI l'accepta et prononça à ce sujet un discours qui montra la pureté de son âme et de

ses intentions. Nous n'en citerons que quelques
passages :

« Messieurs, dit-il, la gravité des circons-
» tances où se trouve la France m'attire au
» milieu de vous. . . . .

. . . .

» Un grand but se présente à vos regards;
» mais il faut y atteindre sans accroissement
» de trouble et sans nouvelles convulsions.
» C'était, je dois le dire, d'une manière plus
» douce et plus tranquille que j'espérais vous
» y conduire, lorsque je formai le dessein de
» vous rassembler et de réunir, pour la féli-
» cité publique, les lumières et les volontés des
» représentants de la nation ; mais mon bon-
» heur et ma gloire ne sont pas moins étroite-
» ment liés aux succès de vos travaux.

» Je les garantis par une continuelle vigilance
» de l'influence funeste que pouvaient avoir sur
» eux les circonstances malheureuses au milieu
» desquelles vous vous trouvez placés. Les hor-
» reurs de la disette que la France avait à re-
» douter, l'année dernière, ont été éloignées

» par des soins multipliés et des approvision-
» nements immenses. J'ai adouci partout, et
» principalement dans la capitale, les dange-
» reuses conséquences du défaut de travail, et
» malgré l'affaiblissement de tous les moyens
» d'autorité, j'ai maintenu le royaume non pas,
» il s'en faut bien, dans le calme que j'eusse
» désiré, mais dans un état de tranquillité suf-
» fisant pour recevoir les bienfaits d'une liberté
» sage et bien ordonnée; enfin. . . . . . .
» . . . . . j'ai conservé la paix au dehors
» et j'ai entretenu avec toutes les puissances
» de l'Europe les rapports d'égards et d'amitié
» qui peuvent rendre cette paix durable.

» Vous savez, Messieurs, qu'il y a plus de dix
» ans, et dans un temps où le vœu de la nation
» ne s'était pas encore expliqué sur les assem-
» blées provinciales, j'avais commencé à subs-
» tituer ce genre d'administration à celui qu'une
» ancienne et longue habitude avait consacré.
» L'expérience m'ayant fait connaître que je ne
» m'étais point trompé dans l'opinion que
» j'avais conçue de l'utilité de ces établisse-

» ments, j'ai cherché à faire jouir du même
» bienfait toutes les provinces de mon royaume,
» et pour assurer aux nouvelles administrations
» la confiance générale, j'ai voulu que les mem-
» bres dont elles voulaient être composées, fus-
» sent nommés librement par tous les citoyens.

» . . . .

» Je favoriserai, je seconderai, par tous les
» moyens qui sont en mon pouvoir, le succès
» de la vaste organisation administrative d'où
» dépend le salut de la France . . . . . .

» . . . .

» Livrons-nous de bonne foi aux espérances
» que nous pouvons concevoir, et ne songeons
» qu'à les réaliser par un accord unanime. Que
» partout on sache que le monarque et les re-
» présentants de la nation sont unis d'un même
» intérêt et d'un même vœu, afin que cette
» opinion, cette ferme croyance répandent dans
» les provinces un esprit de paix et de bonne
» volonté, et que tous les citoyens recomman-
» dables par leur honnêteté..... concourent au
» rétablissement de l'ordre et de la prospérité

» du royaume . . . .

> . . . .

» Je défendrai donc, je maintiendrai la li-
» berté constitutionnelle, dont le vœu général,
» d'accord avec le mien, a conservé les princi-
» pes. Je ferai davantage et de concert avec la
» reine, qui partage mes sentiments, je prépa-
» rerai de bonne heure, l'esprit et le cœur de
» mon fils, au nouvel ordre de choses que les
» circonstances ont amené. Je l'habituerai, dès
» ses premiers ans, à être heureux du bonheur
» des Français, etc., etc. . . . .

» . . . .

*

* *

Tel était le langage, et tels avaient été les
actes du prince qui fut le grand-oncle d'Henri V.
Si sa politique intérieure fut toujours bienfai-
sante et paternelle, pleine de sollicitude pour les
classes les plus pauvres, sa politique extérieure,
sans manquer d'énergie, fut toujours probe,

loyale et constamment préoccupée des véritables intérêts de la France.

V

Passons maintenant à Louis XVIII, autre grand-oncle de Henri V.

*
* *

Après l'abdication de Napoléon Ier à Fontainebleau, en 1814, Louis XVIII fut invité par le Sénat à venir occuper le trône d'où le flot révolutionnaire avait fait descendre la famille des Bourbons. Il était à Hartwel, où il vivait dans la solitude depuis plusieurs années ; mais dans l'intervalle du décret constitutionnel du Sénat et de l'arrivée de Louis XVIII à Paris, on avait nommé pour lieutenant-général du royaume le frère du roi, comte d'Artois (depuis Chares X), qui vivait à Nancy. Reçu par les démonstrations du plus vif enthousiasme, à Paris comme parmi toutes les populations qu'il avait traversées pour se rendre dans la capitale, il avait partout rassuré les esprits par les déclarations suivantes, préludes de la Charte.

*

* *

« Le roi, disait le comte d'Artois, en déclarant
» qu'il maintiendrait la forme actuelle du gou-
» vernement représentatif, a reconnu que la mo-
» narchie devait être tempérée par un gouver-
» nement représentatif divisé en deux Chambres ;
» que 'impôt sera librement cousenti par les
» représentants de la nation ; la liberté publi-
» que et individuelle assurée ; la liberté de
» la presse respectée, sauf les restrictions néces-
» saires à l'ordre et à la tranquillité publique ; la
» liberté des cultes garantie ; que les propriétés
» seront inviolables et sacrées ; les ministres
» responsables et pouvant être accusés et pour-
» suivis par les représentants de la nation ; que
» les juges seront inamovibles, les pouvoirs

» judiciaires indépendants, nul ne pouvant être
» distrait de ses juges naturels ; que la dette
» publique sera garantie ; que tout Français
» sera admissible aux emplois civils et mili-
» taires. »

*
* *

Bientôt Louis XVIII, en débarquant à Calais, salua cette terre de France qu'il n'avait pas vue depuis vingt-cinq ans. Les populations couraient à sa rencontre avec des cris d'espérance et d'amour, comme jadis les populations anglaises au devant de Charles II, lors de la restauration des Stuarts. Avant même d'entrer à Paris, s'étant arrêté à Saint-Ouen, il donna aux Français une charte des plus libérales, dont nous résumerons en peu de mots les principaux articles.

*
* *

Elle établissait :
— Un gouvernement représentatif composé

de deux Chambres : la Chambre des pairs, *qui était héréditaire*, et la Chambre des députés, *qui était élective* ;

— La personne du Roi inviolable et sacrée, mais des ministres responsables ;

— L'impôt consenti par la Chambre, mais réparti proportionnellement à la fortune de chacun ;

— Des juges inamovibles, la propriété garantie, la dette publique reconnue, et la vente des biens nationaux proclamée irrévocable ;

— La liberté individuelle et publique assurée, celle de la presse respectée, et celle des cultes garantie ;

— La liberté absolue des votes et des opinions ;

— La consécration des principes de 1789, c'est-à-dire :

— L'égalité de tous les citoyens devant la loi ;

— L'admissibilité de tous les Français aux emplois ;

— La pondération des pouvoirs ;

— L'unité administrative ;

— Le système représentatif de toutes les libertés sociales.

*
* *

Les quinze années de la Restauration, qui comprennent le règne de Charles X, fermèrent nos blessures. La guerre ne dévorait plus notre jeunesse, et notre population s'était accrue de cinq millions d'habitants. L'agriculture ayant retrouvé des bras, faisait de tels progrès que l'hectare, en moyenne, produisait dix hectolitres et demi de froment, tandis que, précédemment, il n'en donnait que huit et demi ; on creusait de nouveaux canaux ; on traçait de nouvelles routes ; on bâtissait des fermes-modèles ; on faisait partout des essais agricoles. Le mouvement commercial, qui, depuis les derniers jours de Louis XVI, s'était abaissé de 1 milliard à 651 millions, était remonté, en 1825, jusqu'à 954 millions. Nous fondions partout de nouveaux établissements commerciaux : au Sénégal, à Bathel, à Saint-Charles, à Madagascar, à Sainte-Marie, à Tintingue. L'industrie suivait les mêmes développements, et voici ce que le baron Thénard disait en 1834, dans un discours adressé au roi Louis-Philippe : « Si l'on considère les » progrès de l'industrie depuis quarante ans, » l'on verra que, presque insensibles pendant la » guerre, ils ont été immenses pendant la paix. » C'est surtout dans les sept années qui vien- » nent de s'écouler que l'industrie française » s'est avancée à grands pas : nos usines se sont » multipliées ; nos machines se sont perfection- » nées ; notre fabrication, en s'améliorant, s'est » faite à plus bas prix ; nos relations se sont » étendues ; des arts nouveaux même ont pris » naissance. »

*
* *

Même bonheur, même avenir dans notre poli- tique extérieure. Nous avions repris, dans les conseils de l'Europe, notre prédominance quatorze fois séculaire. Par la guerre d'Espagne, nous avions sauvé la Péninsule des fureurs du jacobinisme, qui l'avaient assaillie ; par la guerre de Morée, nous avions expulsé les Turcs de la terre sacrée des lettres classiques, et rendu la patrie de Thémistocle à son antique indépendance ; par la conquête d'Alger, nous avions jeté les fondements d'une magnifique colonisation, et purgé les flots méditerranéens des pirateries barbaresques ; la Russie, qui redoutait au plus haut point l'esprit révolutionnaire, avait contracté avec les Bourbons la plus intime alliance ; elle allait, avant peu d'années, nous faire restituer ces frontières et ces provinces du Rhin que le traité de 1814 nous avait enlevées ; enfin, telle était la confiance que la France inspirait, à l'extérieur, comme à l'intérieur, que la rente 5 pour 100 s'élevait jusqu'à 114 francs ; et l'on peut juger, dès ce moment, à quel degré de richesses incalculables serait arrivée aujourd'hui la fortune de la France, sans les quarante années de tempêtes révolutionnaires qui allaient encore éclater sur notre pays.

VI

Le règne de Charles X, frère de Louis XVIII et grand-père d'Henri V, non moins glorieux pour la France que le précédent, fut cependant moins heureux, car les passions politiques qui l'agitaient, après avoir rempli d'amertume le cœur généreux du monarque, produisirent une effroyable catastrophe dans les journées sanglantes de Juillet.

*
* *

Charles X chérissait le peuple, et toute son ambition était de lui faire du bien et d'en être aimé. Ce prince, comme son frère Louis XVI, avait dans son cœur des trésors de bonté qui ne demandaient qu'à se répandre autour de lui. Lorsqu'il fit son entrée dans Paris, au milieu des acclamations de la foule, le préfet vint lui offrir les clés de la ville. Le roi les prit, mais les lui

remettant aussitôt, il fit entendre ces paroles,
qu'il adressait au peuple : « Gardez-les, mes-
» sieurs, parce que je ne puis les remettre en
» des mains plus fidèles ; gardez-les donc, comme
» vous savez le faire. C'est avec un sentiment
» profond de douleur et de joie que j'entre dans
» ces murs, au milieu de mon bon peuple : de
» joie, parce que je sens que je suis prêt à con-
» sacrer jusqu'au dernier de mes jours pour
» assurer et consolider son bonheur. »

*
* *

Ces paroles étaient sincères ; Charles X n'avait
pas de ressentiments. La franchise et la bonté
éclataient sur son visage. Or, la foule se pressait
dans les Champs-Élysées, autour du nouveau roi,
qui lui envoyait les saluts les plus gracieux et
les plus expansifs. Les lanciers qui précédaient
le roi crurent qu'il fallait écarter le peuple ;
mais Charles X, poussant son cheval jusqu'à eux,
s'écria : « Messieurs, plus de hallebardes ! » et

ces mots furent accueillis par des acclamations frénétiques qui retentissaient profondément dans le cœur du roi et faisaient couler ses pleurs avec une sympathique abondance. Les grands corps de l'État, les députés et les ministres ne furent pas moins charmés que le peuple des paroles royales qui leur furent adressées. « J'ai promis,
» leur dit Charles X, de maintenir la Charte et
» les institutions que nous devons au monarque
» que nous pleurons ; aujourd'hui que le pou-
» voir est entre mes mains, je l'emploierai tout
» entier à consolider le grand acte que j'ai juré de
» maintenir. » Charles X termina cette fête par un acte de clémence qui fut le premier bienfait de son règne : il fit ouvrir les prisons et accorda la suppression de la censure. La joie en fut universelle. Ce fut le plus beau jour de la vie de Charles X. Pourquoi fallait-il que les espérances qu'il répandait dans tous les cœurs s'évanouissent sitôt ! Pourquoi fallait-il que le génie révolutionnaire vînt encore s'interposer entre une nation qui attendait le bonheur et un roi qui n'aspirait qu'à le lui donner !

*
* *

Les premières attaques vinrent d'une presse libérâtre, profondément infectée de l'esprit jacobin. Comme aux premiers jours de la philosophie voltairienne, on n'attaquait l'autel qu'afin de mieux renverser le trône; Charles X résista. Aussitôt on lui attribua des idées rétrogrades. Mais il n'en était rien. S'il s'efforça de comprimer la presse, c'était afin d'arrêter les doctrines irréligieuses et immorales dont elle se faisait l'écho et qui menaçaient de détruire le sens moral de la France; s'il fit indemniser les émigrés, c'est qu'un roi doit avant tout la justice à tous ses sujets, et que la nation ne pouvait refuser un dédommagement à ceux que la Révolution avait injustement dépouillés. On lui a reproché d'avoir eu la pensée de rétablir le droit d'ainesse, afin de reconstituer une grande aristocratie terrienne qui eût été prépondérante dans les élections, comme en Angleterre. Mais s'il eût réussi, nous devrions aujourd'hui nous en féliter. Nous savons où nous ont conduits nos lois électorales et notre suffrage universel ! Nous n'aurions point vu ces révolutions qui après quarante ans de crises sanglantes, ont fini par des désastres affreux.

Avec la réalisation des projets de Charles X, nous allions entrer dans une ère de paix intérieure, prélude d'une paix extérieure qui eût duré peut-être un siècle, et la prospérité dont nous jouirions serait mille fois préférable aux stériles droits politiques que nous possédons aujourd'hui, mais dont nous n'avons su nous servir que pour nous perdre nous-mêmes. Charles X voulait faire le bonheur de la France par le développement graduel de toutes ses ressources industrielles, agricoles et commerciales. Il le déclare lorsqu'il s'adresse aux députés de la session de 1830 : « Pairs de France, leur » dit-il, députés des départements, je ne doute » pas de votre concours pour opérer le bien » que je veux faire. » Plus loin, il leur dit encore : « J'avais le droit de compter sur le con-» cours des deux Chambres pour accomplir tout

» le bien que je méditais. » Il *méditait* le bien, ce bon prince dont la France méconnut le noble caractère, mais, comme dans tous les États fortement constitués, il voulait y arriver avec le concours des classes riches et du clergé, détenteur de la plus saine morale. Les révolutionnaires ne pouvaient lui pardonner d'avoir un jugement politique si solide, qui eût réduit à néant leur *liberté* leur *souveraineté du peuple*, leur *progrès*, et toutes ces expressions creuses qui servaient l'ambition des révolutionnaires, qui ont joué les Français comme un peuple d'enfants, et dont nous ne sommes pas encore désabusés.

VII

Tels furent les règnes de Louis XVI, de Louis XVIII, de Charles X, grands-oncles et grand père d'Henri V. Voilà la famille de rois à laquelle il appartient, et voilà ce qu'ils ont accompli. Personne ne peut nier ces faits, dont l'histoire contemporaine est pleine. Si les hautes facultés de l'intelligence, si les nobles sentiments du cœur, si les sublimes aspirations de l'âme se transmettent avec le sang, on ne peut donc attendre rien que de grand et de généreux de la part du petit-fils de *celui* qui *méditait* le bien ! Comment, après avoir lu cet opuscule, les agriculteurs, les ouvriers des villes, les travailleurs, quels qu'il soient, pourront-ils seulement supposer qu'il y ait dans l'âme de Monseigneur le comte de Chambord un coin où puissent se réfugier les petitesses dont les révolutionnaires l'accusent, avant de l'avoir vu à l'œuvre ? Alors il démentirait les traditions de sa race ; alors il trahirait l'honneur de sa famille ! N'est-il pas d'ailleurs un arrière petit-fils d'Henri IV, le roi légendaire qui aimait le pauvre peuple comme ses enfants ? N'est-il pas le descendant de saint Louis, ce roi à l'âme si grande, qui *prisait la vie du moindre de ses soldats autant que la sienne ?* Enfin, Henri V n'a-t-il pas derrière lui toute une suite de grands rois qui lui disent d'être grand comme eux et de se tenir toujours dans les hauteurs sereines où doit rayonner la gloire d'un roi de France ?

*
* *

Et pour convaincre nos lecteurs de ce que nous disons, nous n'avons qu'à citer la lettre que M. le comte de Chambord vient d'écrire à M. .e vicomte de Rodez-Bénavent, député de l'Hérault :

« Froshdorf, 19 septembre 1873.

« Le sentiment qu'on éprouve, mon cher vi-
» comte, en lisant les détails que vous me donnez
» sur la propagande révolutionnaire dans votre
» province, est un sentiment de tristesse.

» On ne saurait descendre plus bas pour trou-
» ver des armes contre nous, et rien n'est moins
» digne de l'esprit français.

» En être réduit, en 1873, à évoquer le fan-
» tôme de la dîme, des droits féodaux, de l'into-
» lérance religieuse, de la persécution contre
» nos frères séparés ; que vous dirai-je encore?
» de la guerre follement entreprise dans des con-

» ditions impossibles, du gouvernement des
» prêtres, de la prédominance des classes privi-
» légiées ! Vous avouerez qu'on ne peut pas ré-
» pondre sérieusement à des choses si peu sé-
» rieuses.

» A quels mensonges la mauvaise foi n'a-t-elle
» pas recours, lorsqu'il s'agit d'exploiter la cré-
» dulité publique ?

» Je sais bien qu'il n'est pas toujours facile,
» en face de ces indignes manœuvres, de conser-
» ver son sang-froid ; mais comptez sur le bon
» sens de vos intelligentes populations pour faire
» justice de pareilles sottises. Appliquez-vous
» surtout à faire appel au dévouement de tous les
» honnêtes gens sur le terrain de la reconstitu-
» tion sociale. Vous savez que je ne suis point
» un parti : j'ai besoin du concours de tous, et
» tous ont besoin de moi.

» Quant à la réconciliation si loyalement accom-
» plie dans la Maison de France, dites à ceux qui
» cherchent à dénaturer ce grand acte, que tout
» ce qui s'est fait le 5 août a été bien fait, dans
» l'unique but de rendre à la France son rang, et
» dans les plus chers intérêts de sa prospérité,
» de sa gloire et de sa grandeur.

» Comptez, mon cher Rodez, sur toute ma
» gratitude et ma constante affection.

Henri.

*
* *

Et ce n'est pas seulement sa naissance, ce
n'est pas uniquement le sang royal qui coule
dans ses veines, qui recommande le petit-fils
d'Henri IV à l'amour de la France et lui donne
le droit de régner sur elle. Ses droits, grâce
à nos malheurs, planent dans des régions encore
plus élevées. Ils sont inscrits dans les grands
événements politiques de l'Europe depuis un
demi-siècle. Car les grands événements qui agi-
tent le monde, ne sont pas l'œuvre du hasard,
comme les doctrines glacées de l'athéisme cherchent depuis trop longtemps à l'inculquer à nos
générations ; ils arrivent toujours sous l'empire
des lois morales qui gouvernent le monde social,
comme des lois physiques gouvernent le monde
matériel : lois divines, lois imprescriptibles qui
triomphent éternellement, soit par la ruine, par

des sociétés égarées qui les méconnaissent et persistent dans leur égarement; soit en sauvant, en ramenant dans la voie d'où elles sont sorties celles qui reconnaissent leurs erreurs et s'efforcent de retrouver la vérité. La France, aujourd'hui, prend l'attitude d'une nation qui rentre en elle-même. Henri V est l'objet des espérances de tous les Français que le vertige révolutionnaire n'a pas encore saisis, et jamais avénement d'un homme au pouvoir, s'il est proclamé roi, n'aura mieux confirmé l'impuissance des systèmes radicaux. Il fournira l'occasion de donner, par une logique invincible, l'explication de ce cercle de révolutions qui, parties d'une grave infraction à notre grande loi salique, qui est aussi la loi des sociétés européennes, nous ramènent à ce même point de départ, pour continuer plus heureusement notre marche à travers les siècles.

*
* *

Henri V, dès sa naissance même, devint pour

toute l'Europe un gage d'espoir et d'avenir. La Russie, l'Autriche, l'Angleterre, l'Italie, l'Espagne entourèrent son berceau de leurs hommages et de leurs sympathies. On sait qu'elles le saluèrent du nom glorieux *d'Enfant de l'Europe*. Ce fut le nonce du pape qui, dans cette occasion, chargé de porter la parole au nom du corps diplomatique, eut l'honneur d'adresser au roi Louis XVIII cette allocution que l'histoire a recueillie et qui va prochainement se vérifier, comme une prophétie : « Voici le
» grand bienfait que la Providence la plus fa-
» vorable a daigné accorder à la tendresse pa-
» ternelle de Votre Majesté. Cet enfant de dou-
» leurs, de souvenirs et de regrets, est aussi
» *l'Enfant de l'Europe* ; il est le présage et le
» garantie de la paix et du repos qui doivent
» suivre tant d'agitations. »

VIII

Cette exposition nous oblige à revenir sur des détails historiques que tout le monde connaît, mais dont tout le monde n'a pas saisi les véritables causes. On n'a pas suffisamment expliqué au peuple la logique de nos bouleversements révolutionnaires On luia souvent parlé de *principes* et de *légitimité*, mais ces mots n'ont pas toujours produit l'effet qu'ils méritaient, parce qu'ils n'étaient pas toujours accompagnés de raisonnements très rigoureux. En politique il faut parler au peuple un langage presque mathématique. Aussi nous demandons grâce aux lecteurs de revenir encore sur le passé. Il y a des gens de bonne foi qui ne demandent que la lumière, et c'est un devoir, c'est une justice de les éclairer, lorsque tant de sophistes, depuis un siècle, les inondent de leurs déclamations et de leurs mensonges.

*
* *

La France révolutionnaire, en effet, par l'immolation de Louis XVI, et par celle de tous ceux qui aimaient le principe monarchique, avait brutalement aboli la grande loi salique, par laquelle la monarchie héréditaire se transmettait paisiblement de père en fils, depuis plus de huit siècles. Entraînée depuis longtemps par les courants philosophiques des Écoles voltairiennes, elle avait voulu rompre avec le passé, et l'avait si fortement voulu, qu'elle ne s'était arrêtée devant aucun excès. Culte chrétien, noblesse féodale, riche bourgeoisie, églises et châteaux, usages civils, dénominations des mois et des jours, calendrier grégorien, tout avait été assailli, renversé, broyé, détruit sous la hache ou sous le marteau, puis rejeté par delà les barrières du passé, comme des décombres qui n'étaient plus que des obstacles dans les chemins de l'Ère nouvelle. On ne voulait plus rien de ce qui avait été la France monarchique, ou du moins qui en avait été le soutien. On ne voulait pas même les souvenirs de sa gloire. Toutefois, en ces moments de vertige universel (circontance unique dans l'histoire de l'humanité), on ne s'était pas aperçu qu'en brisant si radicalement avec le passé, on brisait radicalement avec l'avenir. Car la loi salique n'était que la consécration d'une autorité traditionnelle, empreinte du double caractère de la perpétuité et de l'unité. Or l'unité dans le commandement, dans l'initiative des lois, dans le principe d'autorité est la loi éternelle, universelle, imprescriptible, toujours vivante, toujours agissante dans toutes les collectivités d'individus, monarchies, républiques, familles, sociétés quelconques. Il faut, sous quelque forme que cela ait lieu, il faut qu'un homme se place au centre du corps politique, et par l'impulsion qu'il communique, par la direction qu'il imprime aux différentes administrations, maintienne partout un ordre salutaire et répande le mouvement, la vie, la prospérité et le bonheur dans toutes les classes de la société, comme on représente la divine Providence qui tient les rênes du monde et les dirige selon les inspirations de son éternelle sagesse.

*

* *

Aux époques d'exaltation révolutionnaire, le

peuple s'écarte quelquefois de ce principe salutaire, mais il y revient toujours par la force des choses. Après la mort de Louis XVI, la France tomba dans une anarchie de douze ans et ne trouva de repos qu'après avoir replacé dans les mains de Napoléon Ier, cette unité de direction, cette plénitude d'autorité qu'on nomme le pouvoir suprême. Après la chute de Charles X, on craignait le retour du jacobinisme, et l'on s'empressa de proclamer un autre roi. Les troubles sanglants de 1848 finirent par la dictature de Cavaignac et par l'Empire : toujours ce besoin d'unité qui perce au milieu de la confusion, qui survit à toutes les crises, et ne ramène le monde à son état normal que par la puissance du principe d'autorité, quelquefois par l'initiative despotique d'une seule individualité. Enfin, la République de 1870 a produit les mêmes conséquences que les précédentes, et nous voilà sur le point de reconstituer cette monarchie traditionnelle que nous n'aurions jamais dû abandonner, parce qu'elle est, de toutes les monarchies et de toutes les formes de gouvernements, celle qui inspire le plus de confiance dans la durée des institutions et dans le maintien, dans la perpétuité des lois générales qui gouvernent les sociétés de tous les temps et de tous les pays.

*
* *

Car en dehors de la monarchie traditionnelle, en dehors d'une hérédité réglée par les usages ou par la loi, on ne retrouve plus ce caractère d'unité, de perpétuité qui produit de si beaux résultats dans les sociétés bien organisées. Si l'autorité suprême émane d'une élection, d'un plébiscite, elle n'est plus qu'un mandat des partis, qui ne feront que léguer, que remettre momentanément une puissance souveraine qu'ils n'entendent pas aliéner et qu'ils pourront retirer demain après l'avoir accordée aujourd'hui. Ainsi le prétend cette *souveraineté du peuple* qui préside à nos révolutions. Aussi bien, voici ce qu'il en résulte : Napoléon empereur succèdera à Bonaparte consul à vie; Louis-Philippe ramassera la couronne de Charles X; la République chassera Louis-Philippe, et bientôt elle-même tombera étouffée sous la main de Napoléon III, jusqu'à ce que la République jette d'un tour de main Napoléon III par de là le détroit, et s'installe au sommet d'un pouvoir toujours envié, parce qu'avec le dogme de la souveraineté du peuple, chacun s'y croit le même droit que celui qui l'occupe.

Que toutes ces substitutions aient lieu par l'émeute ou par la pluralité des suffrages d'une assemblée délibérante, elles pourront, par le caractère d'instabilité qui en est le fond, se multiplier à l'infini ; et dans ce cas, la conduite politique de la nation à l'égard des nations étrangères variera autant que les idées, autant que le caractère, autant que le génie de tous ceux qui la dirigeront tour à tour. Où sera pour la France cette continuité, cette perpétuation, cette unité de vue, d'action, de constance qui se continue avec le sang, avec la race, avec l'indissoluble union des intérêts du roi et de sa nation, comme nous le voyons dans les puissantes monarchies de la Russie, de la Prusse, de l'Angleterre, union féconde, cimentée par le dévouement, par l'amour réciproque des sujets pour leurs rois, des rois pour leurs sujets, liens indissolubles d'une affection profonde qui remontent jusqu'aux pères et s'étendent jusqu'aux enfants ; car d'âge en âge, ces peuples ont tout fait pour leurs rois et les rois ont tout fait pour leurs peuples et rien que pour leurs peuples. Nous savons ce que sont devenues la Russie, la Prusse, l'Angleterre avec ces systèmes d'hérédité que la France a trop longtemps méprisés. Voyons ce qu'a fait la France avec la *souveraineté* de ses révolutions. La République de 1793, par ses propagandes révolutionnaires dans toute l'Europe, s'attira des guerres affreuses qui nous firent cent fois plus de mal qu'elles ne nous donnèrent de gloire, Tandis que Louis XVIII avait devers lui la vénération de tous les rois de l'Europe, Napoléon Ier, par son insatiable ambition et son insolence de parvenu, s'attira la haine de tous les rois et de toutes les nations, qui n'eurent de repos qu'après l'avoir envoyé mourir dans un lointain océan, et nous avoir enlevé nos colonies et les forteresses de nos frontières.

*
*   *

Louis XVIII et Charles X reprennent la politique pacifique, modérée, mais énergique de Louis XVI, et s'appliquent principalement à calmer ces haines des Français contre les Européens et des Européens contre les Français, haines terribles, qui, pendant vingt-cinq ans, avaient fait de l'Europe une épouvantable champ de carnage, où s'étaient livrées plus de huit cents batailles et s'étaient égorgés plus de quatre millions d'hommes. Louis-Philippe conserva la paix avec ses voisins, mais il n'entretint pas avec eux des relations aussi intimes. Sa politique à leur égard fut moins énergique, moins franche, moins heureuse. La révolution qui l'avait élevé, avait suscité des soulèvements qui troublèrent l'Europe entière. Les révolutionnaires récriminaient continuellement contre les étrangers et réveillaient des haines mal éteintes. L'Europe laissa la France dans une sorte d'isolement qui la fit tomber dans le mépris et rouvrit pour elle l'ère des révolutions. Napoléon III, à son tour, suivit une politique à lui seul; quatre fois il déclara la guerre, pour des intérêts étrangers à la France, et son règne eut pour conséquence un second démembrement de notre pays. Il est évident que l'hérédité monarchique n'eût jamais produit de telles divergences de conduite parmi des rois de même descendance, de même parenté, de mêmes relations traditionnelles, de même intimité avec les autres rois. Jamais ce qu'on appelle le manque d'unité n'a éclaté plus visiblement dans aucune circonstance, que dans la politique de la France depuis quatre-vingts ans.

Telles furent à l'extérieur les conséquences nécessaires du défaut de continuité dans nos traditions nationales. Mais, à l'intérieur, les conséquences n'en sont pas moins déplorables. En dehors de l'hérédité du pouvoir, le pouvoir ne peut être qu'une délégation du peuple souverain. Or, si le peuple souverain a le droit de déférer l'autorité suprême, il a bien le droit de la retirer. Et pourquoi sa souveraineté n'aurait-elle pas le droit de faire elle-même les lois sans représentants, sans mandataires? Ainsi faisaient les Athéniens. Pourquoi le peuple souverain d'une ville, d'un canton, d'une province ne se séparerait-il pas de cet autre souverain qu'on appelle la nation et ne constituerait-il pas autant de nationalités qu'il y a de lieux habités ? Rousseau n'a-t-il pas dit : « Le peuple souverain » est tellement souverain, qu'il ne peut pas se » soumettre à un autre souverain... »

(Contrat Social.)

* \
* *

Pourquoi le peuple enfin n'abolirait-il pas dans sa souveraineté les lois, les usages, les

institutions qui ne plaisent pas à ses passions?
L'émeute qui renverse un trône, l'émeute qui
ne peut supporter aucun gouvernement, n'est-
elle pas une manifestation de la souveraineté
du peuple ? « En tout état de choses, dit Rous-
» seau, un peuple est toujours maître de chan-
» ger ses lois, même les meilleures. S'il lui plaît
» de se faire mal à lui-même, qui est-ce qui
» aurait le droit de l'empêcher ? »

(Contrat Social, livre II, chap. xii.)

Le peupe français, depuis cent ans, n'entend
guère que des raisonnements de cette force de
la part des révolutionnaires. Le Contrat Social,
qui est leur évangile, n'en contient guère d'autres. Aussi qu'est-il arrivé ? c'est qu'après avoir
renversé successivement tous les gouvernements
par l'émeute, par la presse, par l'opposition
légale ou illégale, ils ont fini par vouloir renverser toutes bases sociales, sans lesquelles
une société ne peut pas exister ; il s'est formé

des partis dits de jacobins, de patriotes, de libres-penseurs, de radicaux, dont le but, toujours au nom de la souveraineté du peuple, n'est autre que de supprimer la famille, le mariage, le culte, la propriété, l'armée et la justice.

C'est ainsi qu'après avoir parcouru le cycle de ses révolutions, la France en est arrivée à cette alternative de revenir au plus tôt à la monarchie traditionnelle, ou de crouler dans l'abîme de l'anarchie légale. Heureusement pour la France, que la sagesse et l'énergie de l'Assemblée nationale préviendront ces malheurs. Bientôt le petit-fils de saint Louis renouera de nouveau cette chaîne des temps, pour nous servir de l'expression de Louis IX, que d'effroyables calamités ont interrompue? Les honnêtes gens doivent partout se rassurer, et nous croyons que la France verra luire encore des jours de bonheur.

PROGRAMME DE LA MONARCHIE

tracé par

M. LE COMTE DE CHAMBORD

———

Nous avons cité certains extraits des discours de Louis XVI, de Louis XVIII et de Charles X, qui faisaient connaître les intentions de ces princes, et que l'histoire a justifiés ; nous allons également reproduire ici quelques extraits des écrits remarquables où se révèle l'âme de Monseigneur le Comte de Chambord et que les événements consacreront à leur tour, comme ils ont consacré les paroles des trois rois légitimes qui l'ont précédé.

Monsieur le Comte de Chambord a fait connaître très nettement, à plusieurs reprises, quelles institutions la Monarchie traditionnelle donnerait au pays. Beaucoup de personnes l'ignorent et semblent attendre de la part du chef de la MAISON DE FRANCE des déclarations qui ne sont plus à faire. Il est bon de mettre sous les yeux de tous ce programme, qui ne date point d'hier, n'a point été tracé pour les besoins du moment, et contient les véritables conditions d'un gouvernement libre.

Le 23 janvier 1851, à la lecture du mémorable discours prononcé par Berryer à la tribune de l'Assemblée législative, Monsieur le Comte de Chambord écrivait à l'illustre orateur :

« Dépositaire du principe fondamental de la
» Monarchie, je sais que cette monarchie ne ré-
» pondrait pas à tous les besoins de la France, si
» elle n'était en harmonie avec son état social,
» ses mœurs, ses intérêts, et si la France n'en
» reconnaissait et n'en acceptait avec confiance
» la nécessité. Je respecte sa civilisation et sa
» gloire contemporaine autant que les traditions
» et les souvenirs de son histoire. Les maximes
» qu'elle a fortement à cœur et que vous avez

» rappelées à la tribune, l'égalité devant la loi,
» la liberté de conscience, le libre accès pour
» tous les mérites à tous les emplois, tous les
» honneurs, à tous les avantage sociaux, à tous
» ces grands principes d'une société éclairée et
» chrétienne me sont chers et sacrés comme à
» vous, comme à tous les Français. Donner à
» ces principes toutes les garanties qui leur sont
» nécessaires par des institutions conformes
» aux vœux de la nation, et fonder, d'accord
» avec elle, un gouvernement régulier et stable,
» en le plaçant sur la base de l'hérédité monar-
» chique et sous la garde des libertés publiques,
» à la fois fortement réglées et loyalement res-
» pectées : tel serait l'unique but de mon ambi-
» tion. »

Quelques années plus tard, le second Empire
avait succédé à la République de 1848. Le temps
n'était guère aux idées libérales, et M. Thiers

n'avait point encore tracé le programme des *libertés nécessaires.* Voici comment s'exprimait Monsieur le Comte de Chambord dans un document en date du 12 mars 1856 :

» Je n'ai rien à ajouter aux nombreuses mani-
» festations que j'ai faites de mes dispositions.
» Elles sont toujours les mêmes et ne changeront
» jamais. Exclusion de tout arbitraire ; le règne
» et le respect des lois ; l'honnêteté et le droit
» partout ; le pays sincèrement représenté, vo-
» tant l'impôt et concourant à la confection des
» lois ; les dépenses sévèrement contrôlées ; la
» propriété, la liberté individuelle et religieuse,
» inviolables et sacrées ; l'administration com-
» munale et départementale sagement et progres-
» sivement décentralisée ; le libre accès pour
» tous aux honneurs et avantages sociaux : telles
» sont, à mes yeux, les véritables garanties d'un
» bon gouvernement, et tout mon désir est de
» pouvoir un jour me dévouer tout entier à
» l'établir en France, et à assurer ainsi le repos
» et le bonheur de ma patrie. »

En ce qui concerne la religion, Monsieur le Comte de Chambord, dans des documents datés de 1857 et de 1859, s'exprime ainsi :

« Les évêques et tous les membres du clergé
» ne sauraient éviter avec trop de soin de mêler
» la politique à l'exercice de leur ministère sa-
» cré, et de s'immiscer dans les affaires qui
» sont du ressort de l'autorité temporelle
» (29 mai 1857).

» Pleine liberté de l'Église dans les choses
» spirituelles, indépendance souveraine de l'État
» dans les choses temporelles, parfait accord
» de l'une et de l'autre dans les questions mix-
» tes : tels sont les principes qui doivent aujour-
» d'hui régler les rapports des deux puissances
» (26 mars 1859). »

En 1866, dans une lettre adressée au général de Saint-Priest, lettre qui causa une vive sen-

sation et eut les honneurs de la saisie, Monsieur
le Comte de Chambord, rappelant que des idées
de sa jeunesse, confirmées par le travail et
l'expérience, demeuraient celles de son âge mûr,
écrivait :

« Vous savez depuis longtemps les vœux que
» ma raison et mon cœur me dictent pour ma
» patrie. Est-il besoin de vous les redire ici ? Un
» pouvoir fondé sur l'hérédité monarchique,
» respecté dans son action, sans faiblesse comme
» sans arbitraire ; le gouvernement représen-
» tatif dans sa puissante vitalité ; les dépenses
» publiques sérieusement contrôlées ; le règne
» des lois ; le libre accès de chacun aux emplois
» et aux honneurs ; la liberté religieuse et les
» libertés civiles consacrées et hors d'atteinte ;
» l'administration intérieure dégagée des en-
» traves d'une centralisation excessive ; la pro-
» priété foncière rendue à la vie et à l'indépen-
» dance par la diminution des charges qui
» pèsent sur elle ; l'agriculture, le commerce,
» l'industrie constamment encouragés... »

Le 15 novembre 1869, il dit encore :

« La France réclame à bon droit les garanties
» du gouvernement représentatif, honnêtement,
» loyalement pratiqué, avec toute les libertés et
» tout le contrôle nécessaires. Elle désire une
» sage décentralisation administrative et une
» protection efficace contre les abus d'autorité.
» Un gouvernement qui fait de l'honnêteté et de la
» probité politique la règle invariable de sa con-
» duite, loin de redouter cette garantie et cette
» protection, doit, au contraire, les rechercher
» sans cesse. »

L'Empire s'écroule ; la République du 4 Septembre le remplace. Dans son manifeste du 9 oc-
tobre 1870, Monsieur le Comte de Chambord
écrit :

« Pénétré des besoins de mon temps, toute
» mon ambition est de fonder avec vous un gou-
» vernement vraiment national, ayant le droit
» pour base, l'honnêteté pour moyen, la gran-
» deur morale pour but. »

*
* *

Le 8 mai 1871, Monsieur le Comte de Chambord fait de nouveau entendre sa voix, et dans
sa lettre à un député, nous trouvons le passage
suivant :

« Ce que je demande, vous le savez, c'est de
» travailler à la régénération du pays, c'est de
» donner l'essor à toutes ses aspirations légi-
» times ; c'est, à la tête de toute la Maison de
» France, de présider à ses destinées, en sou-
» mettant avec confiance les actes du gouver-
» nement au sérieux contrôle de représentants
» librement élus. On dit que la Monarchie tra-
» ditionnelle est incompatible avec l'égalité de
» tous devant la loi. — Répétez bien que je

» n'ignore pas à ce point les leçons de l'histoire
» et les conditions de la vie des peuples. Com-
» ment tolérerais-je des priviléges pour d'autres,
» moi qui ne demande que celui de consacrer
» tous les instants de ma vie à la sécurité et au
» bonheur de la France, et d'être toujours à la
» peine, avant d'être avec elle à l'honneur ?...
» Je ne suis point un parti, et je ne veux pas
» revenir pour régner par un parti. Je n'ai ni
» injures à venger, ni ennemis à écarter, ni
» fortune à refaire, sauf celle de la France, et je
» puis choisir partout les ouvriers qui voudront
» loyalement s'associer à ce grand ouvrage. »

*
* *

Enfin, dans le *Manifeste de Chambord* du 5 juillet, le Prince, confirmant ses déclarations antérieures, s'exprime en ces termes :

« Je ne puis oublier que le droit monarchique
» est le patrimoine de la nation, ni décliner les
» devoirs qu'il m'impose envers elle. Ces de-

» voirs, je les remplirai, croyez-en ma parole
» d'honnête homme et de Roi. Dieu aidant, nous
» fonderons ensemble, et quand vous le voudrez,
» sur les larges assises de la décentralisation
» administrative et des franchises locales, un
» gouvernement conforme aux besoins réels du
» pays. Nous donnerons pour garantie, à ces li-
» bertés publiques, auxquelles tout peuple chré-
» tien a droit, le suffrage universel honnête-
» ment pratiqué et le contrôle des deux Cham-
» bres, et nous reprendrons, en lui restituant
» son caractère véritable, le mouvement natio-
» nal de la fin du dernier siècle. »

*
* *

Voilà le programme de la Monarchie ! Il est
aussi large qu'invariable, et nous pouvons en
croire la parole du Prince qui n'a cessé d'assurer que la Monarchie seule pouvait donner la
vraie liberté, et qui déclarait récemment qu'il
n'avait pas une parole à rétracter.

Bordeaux. — Imp. Nouvelle A. BELLIER, 16, rue Cabirol.

LES CAPÉTIENS

Monarchies et Républiques Comparées

(TROIS VOLUMES)

Prix : 3 fr. 50 c. le volume

DU MÊME AUTEUR

L'ENFANT DE L'EUROPE

Prix : 25 centimes

THIERS

SES ÉCRITS, SA POLITIQUE

Prix : 30 centimes

LE DICTATEUR

Prix : 25 centimes

PARIS

FÉCHOZ, ÉDITEUR, 5, RUE DES SAINTS-PÈRES

ET CHEZ TOUS LES LIBRAIRES DE FRANCE

www.ingramcontent.com/pod-product-compliance
Lightning Source LLC
Chambersburg PA
CBHW051131050726
47594CB00003B/1039